黑龙江

黑龙江

松花江
哈尔滨

内蒙古自治区

长春
吉林

沈阳
辽宁

朝鲜

北京市

韩国

呼和浩特

恒山

渤海
天津市

日本

银川

河北
石家庄

太原
山西

济南
泰山
山东

黄海

陕西

黄 河

嵩山

西安 华山

郑州
河南

江苏

合肥
南京
太湖
上海市

湖北

安徽

武汉
黄山
杭州

重庆市

长 江

庐山
鄱阳湖

浙江

东海

洞庭湖

南昌

贵州

长沙
江西

贵阳

湖南

衡山

福建

福州

台北

北回帰線

广西壮族自治区

台湾海峡

台湾

南宁
西江

广东
广州

澳门
香港

南

海口

南海

0   400   800km

50°

45°

135°

35°

30°

25°

130°

20°

110°   115°   120°   125°

かんたん楽ショウ！ 初級中国語
入門編

陳　淑梅

朝日出版社

音声ダウンロード

 音声再生アプリ「リスニング・トレーナー」(無料)

朝日出版社開発のアプリ、「リスニング・トレーナー(リストレ)」を使えば、教科書の音声をスマホ、タブレットに簡単にダウンロードできます。どうぞご活用ください。

まずは「リストレ」アプリをダウンロード

▶ App Store はこちら

▶ Google Play はこちら

アプリ【リスニング・トレーナー】の使い方

❶ アプリを開き、「**コンテンツを追加**」をタップ

❷ QRコードをカメラで読み込む

❸ QRコードが読み取れない場合は、画面上部に (45372) を入力し「Done」をタップします

QRコードは㈱デンソーウェーブの登録商標です

Webストリーミング音声

http://text.asahipress.com/free/ch/245372

はじめに

　本書は中国語を初めて学習する大学生のために作られた初級者用の教科書です。

　さて、タイトルの「かんたん楽ショウ」の「ショウ」は何だと思いますか？

　答えは、マスターしたら "楽勝！"、使って通じたら嬉しくて "楽笑！" の意味です！

　学習内容は発音編4課を含む、全14課で構成されています。各課に沿って授業を進めれば、半期14回の授業に対応できるようになっています。また、じっくりと学習を進める場合は、1課につき2回の授業を当てることもできます。

　日本語を母語とする学習者にとって、中国語の発音は難しいと言われていますが、それは発音にこだわるあまり、文法や文型、あるいは会話練習に入る前に、中国語そのものに苦手意識を持ってしまい、きちんとした発音の練習を行わないという場合が多いようです。

　そこで本書では楽しく発音を学んでもらうために、発音編に日常生活に役立つ簡単な会話を取り入れました。また、発音学習のモチベーションを保つために、練習問題をたくさん用意し、常に自分の成長が確認できるように工夫しました。

　文法・構文の学び方についても新たな提案をしています。文法を難しく考えるのではなく、中国語の表現を定型文のように覚え、パターン練習を繰り返すことで、自然に文型が身につき、語彙も増えるようにしました。

　本書はこのように、中国語が楽しく、そして確実に学習ができることをめざして作成されています。みなさんの日々の学習が立派な成果につながるよう、心から応援しています。
　加油! 祝你学有所成!　（がんばって！　成功を祈ります！）

　最後に、本書の出版に際して朝日出版社の宇都宮佳子さんに大変お世話になりました。この場を借りて深く感謝いたします。

陳　淑梅

目　次

声調 ●━━━━━━━━━━━━━━━━━━━━━━━━━━━━━━

A： 你 好 。　　　　　こんにちは。
　　Nǐ　hǎo.

B： 你 好 。　　　　　こんにちは。
　　Nǐ　hǎo.

⋯⋯⋯⋯⋯⋯⋯⋯⋯⋯⋯⋯⋯⋯⋯⋯⋯

A： 你们 好 。　　　みなさん、こんにちは。
　　Nǐmen　hǎo.

B： 老师 好 。　　　先生、こんにちは。
　　Lǎoshī　hǎo.

● 声調 ●

中国語には四つの声調（高低アクセント）があります。「四声」とも言います。
同じ発音でも、声調が違うと、意味がまったく違います。

例　ma

| mā | má | mǎ | mà | 🔊 002 |
| 妈（母） | 麻（麻） | 马（馬） | 骂（罵る） | |

第一声　「－」高く平らに発音します。

第二声　「ˊ」急激に上昇します。

第三声　「ˇ」低く抑えます。

第四声　「ˋ」高いところから急激に下降します。

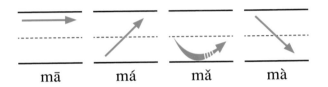

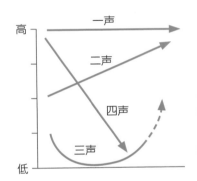

四声のほかに、「軽声」があります。決まった高さを持たず、前の声調に続けて軽く短く発音します。声調記号はつけません。

māma　妈妈（お母さん）

● 第三声の変調　🔊 003

第三声と第三声が続く場合は、前の音節の第三声は第二声に変調します。声調記号はもとの第三声のままで表記します。

例　
表記	読み	表記	読み
nǐ hǎo	ní hǎo	lǐxiǎng	líxiǎng
你好		理想	

1 発音してみましょう。 🔊 004

(1) ā á ǎ à   (2) ō ó ǒ ò

(3) mī mí mǐ mì   (4) dā dá dǎ dà

2 音声を聞いて、読まれたものを選んでみましょう。 🔊 005

(1) á ā à   (2) ǒ ó ò   (3) tá tā tà

3 音声を聞いて声調をつけ、さらに発音してみましょう。 🔊 006

(1) a 阿   (2) o 哦   (3) e 饿   (4) yi 椅

(5) wu 吴   (6) yu 鱼   (7) er 耳   (8) baba 爸爸

(9) mama 妈妈   (10) yeye 爷爷   (11) nainai 奶奶   (12) gege 哥哥

（iの上に声調記号をつける場合、iの上の点をとって点の位置に記号をつけます。）

4 二音節の単語を発音してみましょう。 🔊 007

(1) āyí 阿姨　　(2) wǔyì 武艺　　(3) yìwù 义务　　(4) yǔyī 雨衣

(5) ěryǔ 耳语　　(6) èyì 恶意　　(7) wūyú 乌鱼　　(8) yìyì 意义

5 第三声に注意して発音してみましょう。 🔊 008

yǔyī 雨衣	shǒujī 手机	（第三声を低く抑えて）
měiguó 美国	sǎochú 扫除	（第三声を低く抑えて）
liǎojiě 了解	yǒuhǎo 友好	（第三声を第二声に変えて）
bǐlì 比例	zǒulù 走路	（第三声を低く抑えて）
jiějie 姐姐	nǎinai 奶奶	（第三声を低く抑えて、軽声を少し高くする）

6 声調の組み合わせを読んでみましょう。 🔊 009

	第一声	第二声	第三声	第四声	軽声
第一声	āā	āá	āǎ	āà	āa
第二声	óō	óó	óǒ	óò	óo
第三声	yǐyī	yǐyí	yǐyǐ	yǐyì	yǐyi
第四声	wùwū	wùwú	wùwǔ	wùwù	wùwu

第2課
Dì èr kè

🔊 010

単母音と複母音 ●

A： 你　早。
Nǐ　　zǎo.
　　　　　　　　　　おはよう。

B： 早。
Zǎo.
　　　　　　　　　　おはよう。

A： 谢谢。
Xièxie.
　　　　　　　　　　ありがとう。

B： 不　客气。
Bú　　kèqi.
　　　　　　　　　　どういたしまして。

🔵 単母音 🔵

中国語の母音には、次のように基本的に六つの音があります。　🔊 011

a 　日本語の「ア」より口を大きく開いて、明るく「ア」と発音します。

o 　日本語の「オ」より唇を丸めて、「オ」と発音します。

e 　日本語の「エ」より口をやや横に開いて、「オ」と発音します。

i (yi) 　日本語の「イ」より口をぐっと横に開いて、鋭く「イ」と発音します。

u (wu) 　日本語の「ウ」より唇を丸く前に突き出して、口の奥から発音します。

ü (yu) 　日本語の「ユ」の音のように唇をすぼめて、「イ」と発音します。
　　　　　★（　）内は単独で音節になるときの表記です。

単母音のほかに、そり舌母音が一つあります。

er 日本語の「ア」と発音しながら、舌先を上にそらせます。

● 複母音 ● 🔊 012

中国語の韻母には、二つあるいは三つの母音からなるものがあります。複母音はなめらかに発音するのがポイントです。

口の開きが	＞	ai	ei	ao	ou	
口の開きが	＜	ia (ya)	ie (ye)	ua (wa)	uo (wo)	üe (yue)
口の開きが	＜＞	iao (yao)	iou (you)	uai (wai)	uei (wei)	

★（　）内は前に子音がつかないときの表記です。

● 声調記号のつけ方

① 声調記号は母音の上につけます。

② aがあればaの上につけます。 　　例 xiǎo 小　huā 花

③ aがなければoかeの上につけます。 　例 duō 多　qiē 切

④ iとuが並ぶ場合は後のほうにつけます。 例 liù 六　huí 回

⑤ iの上に声調記号をつける場合は「・」をとってつけます。 例 nǐ 你　xì 系

1 単母音を発音してみましょう。 🔊 013

ā　　　ō　　　ē　　　ī　　　ū　　　ǖ　　　ēr

2 複母音を発音してみましょう。 🔊 014

āi	ēi	āo	ōu
yā	yē	yāo	yōu
wā	wō		
wāi	wēi	yuē	

3 単語を読んでみましょう。 🔊 015

(1) àihào
爱好

(2) hēisè
黑色

(3) lóutī
楼梯

(4) xiàwǔ
下午

(5) huìyì
会议

(6) huācǎo
花草

(7) guójiā
国家

(8) xuéyè
学业

(9) jiàoyù
教育

(10) jiǔbēi
酒杯

(11) huáiyí
怀疑

(12) méihuā
梅花

4 音声を聞いて、読まれたものを選んでみましょう。　🔊 016

(1) é　ó　　　　(2) èi　ài　　　　(3) yǐ　yǔ　　　　(4) āo　ōu

(5) yáo　yóu　　　(6) yuè　yè　　　(7) wū　wō　　　(8) wèi　wài

5 音声を聞いて声調を正しい場所につけ、さらに発音してみましょう。　🔊 017

(1) ai　　　　(2) ao　　　　(3) ou　　　　(4) ya　　　　(5) ye

　爱　　　　　袄　　　　　欧　　　　　牙　　　　　夜

(6) wo　　　　(7) yue　　　(8) yao　　　(9) you　　　(10) wai

　我　　　　　月　　　　　摇　　　　　有　　　　　歪

6 母音に気をつけて、文を読んでみましょう。　🔊 018

Wǒ　yǒu　wǔ　ge　hǎo　péngyou.
我　有　五　个　好　朋友。

🔊 019

子音 ●

A : 对 不 起。　　　　すみません。
　　 Duìbuqǐ.

B : 没 关 系。　　　　かまいません。
　　 Méi guānxi.

A : 再 见。　　　　さようなら。
　　 Zàijiàn.

B : 再 见。　　　　さようなら。
　　 Zàijiàn.

● 子音 ●　🔊 020

中国語の子音表

	無気音	有気音	鼻音	摩擦音	有声音
唇音 しんおん	b(o)	p(o)	m(o)	f(o)	
舌尖音 ぜっせんおん	d(e)	t(e)	n(e)		l(e)
舌根音 ぜっこんおん	g(e)	k(e)		h(e)	
舌面音 ぜつめんおん	j(i)	q(i)		x(i)	
そり舌音 じたおん	zh(i)	ch(i)		sh(i)	r(i)
舌歯音 ぜっしおん	z(i)	c(i)		s(i)	

★（　）内の母音を添えて発音しましょう。

● 無気音と有気音　🔊 021

　中国語の子音には、「無気音」と「有気音」の区別があります。無気音とは、イキ（気）の音がしないもの、有気音とはイキ（気）の音が聞こえるものです。

　中国語の無気音と有気音は以下の六つのペアがあります。

b ⟷ p　　d ⟷ t　　g ⟷ k　　j ⟷ q　　zh ⟷ ch　　z ⟷ c

無気音 —— イキの音がしないようにそっと発音します。
有気音 —— イキの音が聞こえるように強く出して発音します。

3

子音の発音要領：

b (o)　　無気音です。「ポ」の音に近いですが、イキの音がしないように。

p (o)　　有気音です。思いっきりイキの音が出るように「ポー」と言ってみましょう。

m (o)　　日本語のマ行の子音に近いです。

f (o)　　上の歯を下の唇に乗せて、摩擦させながら発音します。英語のｆに近いです。

d (e)　　無気音です。「ト」に近いですが、イキの音を出さないように。

t (e)　　有気音です。イキの音が出るように「トー」と言ってみましょう。

n (e)　　日本語のナ行の子音に近いです。

l (e)　　舌の先を前歯の裏につけて発音してみましょう。

g (e)　　無気音です。「コ」に近いですが、イキの音を出さないように。

k (e)　　有気音です。イキの音がはっきり出るように「コー」と言ってみましょう。

h (e)　　のどの奥を摩擦させながらイキの音が出るように「ハー」と言ってみましょう。

j (i)　　無気音です。「ジ」に近い発音ですが、濁らないように。

q (i)　　有気音です。イキの音が出るように「チー」と言ってみましょう。

x (i)　　日本語の「シ」とほぼ同じです。

● そり舌音と舌歯音　🔊 022

「そり舌音」とは、舌先をそり上げて発音するものです。舌先を歯茎の奥の出っ張っているところまでそりあげて発音します。

「舌歯音」は舌先と歯を摩擦して、発音するものです。口の端を横に引いて発音しましょう。

（そり舌音）zh(i)　ch(i)　sh(i)　r(i)　　　　　（舌歯音）z(i)　c(i)　s(i)

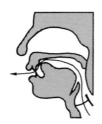

★母音「i」は「j」「q」「x」などの後に続く場合、「イ」に近い音ですが、「zh」「ch」「sh」「r」「z」「c」「s」の後に続くときは〔i〕ではなく、子音を発音するときの舌の形のまま自然に出てくるあいまいな音です。

★子音「j」「q」「x」に「ü」が続くときは「u」の上の「‥」をとります。

例　j + ü → jū 居　　　　q + ü → qù 去　　　　x + ü → xǔ 许

||||||||||| ドリル |||||||||||

1 無気音と有気音に注意して発音してみましょう。　🔊 023

(1) dǎ 打 — tǎ 塔　(2) gū 姑 — kū 哭　(3) bí 鼻 — pí 皮　(4) dù 肚 — tù 兔

(5) jù 句 — qù 去　(6) zhá 炸 — chá 茶　(7) zǐ 子 — cǐ 此　(8) bā 八 — pā 趴

2 h と f の違いに注意して発音してみましょう。　🔊 024

(1) fú　hú　　(2) huā　fā　　(3) hǒu　fǒu　　(4) fēi　hēi
　　服　湖　　　　　花　发　　　　　吼　否　　　　　非　黑

(5) hé　huó　　(6) fáng　huáng　　(7) fān　huān　　(8) huì　fèi
　　和　活　　　　　房　黄　　　　　翻　欢　　　　　会　费

3 i の音色の違いに注意して、読んでみましょう。 🔊 025

(1) zǐ jǐ   (2) cí qí   (3) sì xì   (4) chī qī

(5) zhí jí   (6) xī shī   (7) lì rì   (8) cǐ zǐ

4 音声を聞いて、読まれたものを選んでみましょう。 🔊 026

(1) nǚ 女 — lǜ 绿   (2) xiào 笑 — shǎo 少

(3) qiē 切 — xiě 写   (4) guì 贵 — kuī 亏

(5) shuō 说 — shōu 收   (6) rǔ 乳 — lù 路

(7) qū 区 — jū 居   (8) zài 在 — cài 菜

5 音声を聞いて、空欄に子音を入れてみましょう。 🔊 027

(1) ＿＿ī 七   (2) ＿＿ù 裤   (3) ＿＿à 大   (4) ＿＿ǔ 许

(5) ＿＿ā 八   (6) ＿＿ō 坡   (7) ＿＿é 河   (8) ＿＿ǔ 土

6 音声を聞いて、読まれたものを選んでみましょう。 🔊 028

(1) wéichí 维持 — wéiqí 围棋   (2) zájì 杂技 — zázhì 杂志

(3) tùzi 兔子 — dùzi 肚子   (4) shǎo chī 少吃 — xiǎochī 小吃

第4課
Dì sì kè

🔊 029

鼻母音 ●━━━━━━━━━━━━━━━━━━━━━

A： **好久 不 见**。　　お久しぶり。
　　Hǎojiǔ　　bú　jiàn.

B： **好久 不 见**。　　お久しぶり。
　　Hǎojiǔ　　bú　jiàn.

A： **请 喝 茶**。　　お茶をどうぞ。
　　Qǐng　hē　chá.

B： **谢谢**。　　ありがとう。
　　Xièxie.

● **鼻母音** ●

鼻音 -n と -ng

　日本語で「ン」という音は中国語では -n と -ng に分れています。

　実は日本語でも、「アンナイ」(案内)の「アン」と「アンガイ」(案外)の「アン」の「ン」は違います。ゆっくり発音してみるとわかるように、「アンナイ」の「ン」は舌先が上の前歯の裏辺りにつきますが、「アンガイ」の「ン」は、舌の根っこが上がって、舌先はどこにもつきません。「アンナイ」の「ン」はつまり中国語の -n、「アンガイ」の「ン」は中国語の -ng に相当するのです。

「案内」の「ン」=「-n」
　アンナイ

「案外」の「ン」=「-ng」
　アンガイ

-n ：音節の最後に舌先を上の歯茎につけます。

-ng：舌根を高く持ち上げて、舌先はどこにもつけません。

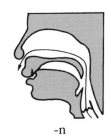
-n

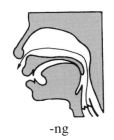
-ng

4

● **中国語鼻母音一覧表** 🔊 030

an	en	ang	eng	ong
ian (yan)	in (yin)	iang (yang)	ing (ying)	iong (yong)
uan (wan)	uen (wen)	uang (wang)	ueng (weng)	
üan (yuan)	ün (yun)			

★（　）の中は前に子音がつかないときの表記です。

★「uen」は前に子音がつくときは「un」と表記します。

例 t + uen → tūn 呑

-r化 🔊 031

音節の最後で舌をそり上げて発音するものを「r化」と言います。
漢字では最後に "儿"、ピンインには「r」をつけて表します。

例 huàr 画儿　　　gēr 歌儿

★-n + r または -i + r の場合「n」と「i」は脱落し、発音しません。

例 wánr 玩儿　　　wèir 味儿

★-ng + r の場合は、母音の部分をr化してから鼻に抜けます。

例 xìnfēngr 信封儿

1 音声を聞いて、読まれたものを選んでみましょう。 🔊 032

(1) wēn — wēng

(2) qiàn — qiàng

(3) yǎn — yǎng

(4) fèn — fèng

(5) bān — bāng

(6) nóng — néng

(7) jìn — jìng

(8) huán — huáng

(9) xiān — xiāng

2 鼻母音の発音に注意して地名を読んでみましょう。 🔊 033

Dōngjīng	Héngbīn	Xióngběn	Chōngshéng
东京	横滨	熊本	冲绳

Xiānggǎng	Tiānjīn	Chóngqìng	Xīnjiāng
香港	天津	重庆	新疆

3 r 化に注意して発音してみましょう。 🔊 034

(1) huà huàr
画画儿

(2) xiǎomāor
小猫儿

(3) chàng gēr
唱歌儿

(4) yíhuìr （-i 脱落）
一会儿

(5) yìdiǎnr （-n 脱落）
一点儿

(6) yǒu kòngr （鼻音化）
有空儿

● 中国語で数字を発音してみましょう。　🔊 035

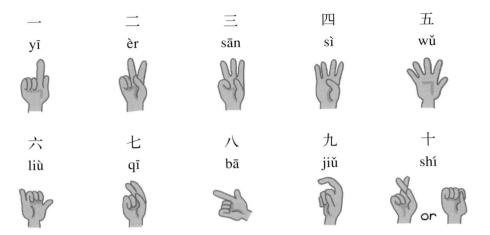

一	二	三	四	五
yī	èr	sān	sì	wǔ

六	七	八	九	十
liù	qī	bā	jiǔ	shí or

4

● 漢詩を読んでみましょう。　🔊 036

春　晓
Chūnxiǎo

孟　浩然　Mèng Hàorán

春	眠	不	觉	晓	春眠　暁を覚えず
chūn	mián	bù	jué	xiǎo	

处	处	闻	啼	鸟	処々　啼鳥を聞く
chù	chù	wén	tí	niǎo	

夜	来	风	雨	声	夜来風雨の声
yè	lái	fēng	yǔ	shēng	

花	落	知	多	少	花落つること知る多少
huā	luò	zhī	duō	shǎo	

第5課
Dì wǔ kè

ポイント1 　**姓名の名乗り方** 🔊 037

自分の名字を言う

主語 ＋ "姓 xìng" ＋ 名字 （～は〇〇という名字（姓）です。）

"姓" は動詞で「名字は〇〇である」という意味。

① 我姓渡边。 　　　 Wǒ xìng Dùbiān. 　　　 私は渡辺と言います。

② 我姓王。 　　　 Wǒ xìng Wáng. 　　　 私は王と言います。

名前（フルネーム）を言う

主語 ＋ "叫 jiào" ＋ フルネーム （～は〇〇という名前です。）

"叫" は「（名前は）～という」という意味。

③ 我叫渡边勇人。 　　　 Wǒ jiào Dùbiān Yǒngrén.

　　 私は渡辺勇人と言います。

④ 我叫王芳。 　　　 Wǒ jiào Wáng Fāng.

　　 私の名前は王芳です。

姓（名字）を尋ねる

⑤ 您贵姓？ 　　　 Nín guìxìng? 　　　 お名前（姓）は何と言いますか。

"您" は「あなた」の丁寧な表現。"您贵姓？" と尋ねられたら、自分の名字（姓）だけ答えましょう。

名前およびフルネームを尋ねる

⑥ 你叫什么名字？ 　　　 Nǐ jiào shénme míngzi?

　　 お名前（フルネーム）は何と言いますか。

 **語彙を増やそう**

中国人と日本人の名字と名前の例　🔊 038

刘宏志 Liú Hóngzhì	张宇 Zhāng Yǔ	陈静 Chén Jìng
劉　宏志	張　宇	陳　静

铃木翔	佐藤未央	中村结衣
Língmù Xiáng	Zuǒténg Wèiyāng	Zhōngcūn Jiéyī

5

➡ **次の日本語を中国語に訳してみよう。**

(1) 私は劉と言います。

_____

(2) 私は鈴木翔と言います。

_____

(3) 私は張と言います。

_____

(4) 私は陳静と言います。

_____

(5) あなたのフルネームは何ですか。

_____

(6) あなたの名字（姓）は何ですか。

_____

	単数	複数
1人称	我 wǒ（私）	我们 wǒmen（私たち）
2人称	你 nǐ（あなた）　您 nín（敬語）	你们 nǐmen（あなたたち）
3人称	他 tā（彼）　她 tā（彼女）	他们 tāmen（彼ら）　她们 tāmen（彼女たち）

① 我姓王，叫王芳。　　　Wǒ xìng Wáng, jiào Wáng Fāng.

　私の名字は王で、フルネームは王芳です。

② 我姓渡边。你呢？　　　Wǒ xìng Dùbiān. Nǐ ne?

　私は渡辺と言います。あなたは？

③ 你姓什么？　　　　　Nǐ xìng shénme?

　お名前（姓）は？

④ 你叫什么？　　　　　Nǐ jiào shénme?

　お名前（フルネーム）は何と言いますか。

⑤ 他叫渡边勇人。　　　Tā jiào Dùbiān Yǒngrén.

　彼は渡辺勇人と言います。

⑥ 她叫陈静。　　　　　Tā jiào Chén Jìng.

　彼女は陳静と言います。

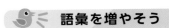 **語彙を増やそう**

初対面の挨拶を覚えましょう。 🔊 **040**

你们好。 Nǐmen hǎo. みなさん、こんにちは。	老师好。 Lǎoshī hǎo. 先生、こんにちは。	初次见面。 Chūcì jiànmiàn. 初めまして。

请多关照。 Qǐng duō guānzhào. どうぞよろしくお願いします。	认识你，很高兴。 Rènshi nǐ, hěn gāoxìng. お会いできてうれしいです。	幸会幸会。 Xìnghuì xìnghuì. お会いできて幸せです。

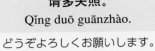 **次の日本語を中国語に訳してみよう。**

(1) こんにちは。

_____

(2) みなさん、こんにちは。

_____

(3) 初めまして。

_____

(4) どうぞよろしくお願いします。

_____

(5) お会いできてうれしいです。

_____

(6) お会いできて幸せです。

_____

渡边勇人： 请问，您贵姓？
Dùbiān Yǒngrén　Qǐngwèn,　　nín guìxìng?

王芳： 我姓王。
Wáng Fāng　　Wǒ xìng Wáng.

渡边勇人： 你叫什么名字？
　　　　　　Nǐ jiào shénme míngzi?

王芳： 我叫王芳。你呢？
　　　　　　Wǒ jiào Wáng Fāng.　Nǐ ne?

渡边勇人： 我姓渡边，叫渡边勇人。
　　　　　　Wǒ xìng Dùbiān,　　jiào Dùbiān Yǒngrén.

王芳： 认识你，很高兴。
　　　　　　Rènshi nǐ,　　hěn gāoxìng.

新出語句

🔊 042

- 请问 qǐngwèn 動 お尋ねします
- 贵姓 guìxìng フ お名前（姓）
- 什么 shénme 疑 何
- 呢 ne 助 ～は？
- 认识 rènshi 動 知り合う
- 很 hěn 副 とても
- 高兴 gāoxìng 形 嬉しい

一、音声を聞いて単語をピンインで書き取ってみよう。 🔊 043

① 貴姓（　　　　　　　　）　② 什么（　　　　　　　　）

③ 名字（　　　　　　　　）　④ 认识（　　　　　　　　）

⑤ 高兴（　　　　　　　　）　⑥ 幸会（　　　　　　　　）

5

二、音声を聞いて空欄を埋め、更に文を日本語に訳してみよう。 🔊 044

① （　　　　　　　　　　），您贵姓？

　訳 ....

② 你（　　　　　　　　　　）什么名字？

　訳 ....

③ 我叫王芳，（　　　　　　　　　　）？

　訳 ....

三、次の会話を二人で練習してみよう。Bの役の人は自由に答えてみよう。

A 您贵姓？

B ....

A 你叫什么名字？

B ....

A 认识你，很高兴。

B ....

ポイント1　「～である」を表す動詞 "是 shì"　🔊 045

"是"は動詞で、「～である」という意味。構文は以下の通りです。

肯定文　| A＋"是"＋B |　（AはBである。）

① 我是日本人。　　　Wǒ shì Rìběnrén.　　　私は日本人です。

② 我们是大学生。　　Wǒmen shì dàxuéshēng.　私たちは大学生です。

否定文　| A＋"不是"＋B |　（AはBではない。）

③ 他不是中国人。　　Tā bú shì Zhōngguórén.　彼は中国人ではありません。

④ 她们不是学生。　　Tāmen bú shì xuésheng.　彼女たちは学生ではありません。

疑問文　| A＋"是"＋B＋吗？ |　（AはBですか？）

⑤ 你是日本人吗？　　Nǐ shì Rìběnrén ma?　　あなたは日本人ですか。

⑥ 您是老师吗？　　　Nín shì lǎoshī ma?　　　あなたは先生ですか。

　動詞の肯定と否定を並べて、反復疑問文を作る。

⑦ 您是不是老师？　　Nín shì bu shì lǎoshī?　　あなたは先生ですか。

"不"の変調

　"不" bù は本来の声調は第四声です。しかし、後ろに来る音節の声調が同じ第四声の場合、"不 bù" は第二声に変わり、「bú」と読みます。

bù shì　　　bú shì
不　是　→　不　是

🐦 **語彙を増やそう**

次の語句を発音しながら意味を覚えましょう。 🔊 046

美国人 Měiguórén	英国人 Yīngguórén	韩国人 Hánguórén
アメリカ人	イギリス人	韓国人

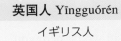

学生 xuésheng	老师 lǎoshī	店员 diànyuán
学生	先生	店員

➡ **次の日本語を中国語に訳してみよう。**

(1) 彼はアメリカ人です。

＿＿＿＿＿＿＿＿＿＿＿＿＿＿＿＿＿＿＿＿＿＿＿＿＿＿＿

(2) 彼女はイギリス人です。

＿＿＿＿＿＿＿＿＿＿＿＿＿＿＿＿＿＿＿＿＿＿＿＿＿＿＿

(3) 彼らは韓国人です。

＿＿＿＿＿＿＿＿＿＿＿＿＿＿＿＿＿＿＿＿＿＿＿＿＿＿＿

(4) 私は先生ではありません。

＿＿＿＿＿＿＿＿＿＿＿＿＿＿＿＿＿＿＿＿＿＿＿＿＿＿＿

(5) 彼らは学生ですか（反復疑問文で）。

＿＿＿＿＿＿＿＿＿＿＿＿＿＿＿＿＿＿＿＿＿＿＿＿＿＿＿

(6) 私は店員ではありません。

＿＿＿＿＿＿＿＿＿＿＿＿＿＿＿＿＿＿＿＿＿＿＿＿＿＿＿

"的" は「～の」に当たります。「～"的"＋名詞」の形で使われます。

① 他们是我的朋友。　　Tāmen shì wǒ de péngyou.　　彼らは私の友だちです。

② 她是我的老师。　　　Tā shì wǒ de lǎoshī.　　彼女は私の先生です。

③ 这是我的杯子。　　　Zhè shì wǒ de bēizi.　　これは私のコップです。

"的" の後ろに来る語が文脈でわかる場合、後ろの語が省略できます。

④ 这是你的吗？　　　Zhè shì nǐ de ma?　　これはあなたのですか。

指示代名詞と疑問代名詞

これ	それ、あれ	どれ
这 zhè	那 nà	哪 nǎ
这个 zhège(zhèige)	那个 nàge(nèige)	哪个 nǎge(něige)

※（　）の中は話し言葉です。

　表の上段の "这" と "那" は主語としてしか使われず、下段は主語のほか、目的語としても使われます。"哪" は単独で使うことはありません。

⑤ 这是我的眼镜。　　　Zhè shì wǒ de yǎnjìng.　　これは私のメガネです。

⑥ 我的眼镜是这个。　　Wǒ de yǎnjìng shì zhèige.　　私のメガネはこれです。

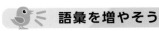 語彙を増やそう

次の語句を発音しながら意味を覚えましょう。　🔊 048

我的书 wǒ de shū 私の本	**我的词典** wǒ de cídiǎn 私の辞書	**老师的眼镜** lǎoshī de yǎnjìng 先生のメガネ

 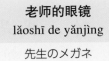

他的书包 tā de shūbāo 彼のカバン	**她的手机** tā de shǒujī 彼女の携帯電話	**朋友的课本** péngyou de kèběn 友だちの教科書

➡️ 次の日本語を中国語に訳してみよう。

(1) これは私の本です。

_____

(2) これは私の辞書です。

_____

(3) これは先生のメガネです。

_____

(4) あれは彼のカバンではありません。

_____

(5) あれは友達のテキストではありません。

_____

(6) あなたの携帯電話はこれですか。

_____

🔊 049

渡边： 你 是 中 国 人 吗 ？
Dùbiān　Nǐ shì Zhōngguórén ma?

王： 对 ， 我 是 中 国 人 。
Wáng　Duì,　wǒ shì Zhōngguórén.

渡边： 你 是 哪 个 大 学 的 学 生 ？
Nǐ shì něige dàxué de xuésheng?

王： 我 是 阳 光 大 学 的 学 生 。
Wǒ shì Yángguāng Dàxué de xuésheng.

渡边： 这 是 你 的 课 本 吗 ？
Zhè shì nǐ de kèběn ma?

王： 对 ， 是 我 的 。 谢 谢 。
Duì,　shì wǒ de.　Xièxie.

新 出 語 句　　　　　　　　　🔊 050

● 对 duì 形 そうだ、その通りだ
● 哪个 něige 疑 どの
● 阳光大学 Yángguāng Dàxué 固 陽光大学
● 课本 kèběn 名 テキスト

一、音声を聞いて単語をピンインで書き取ってみよう。　🔊 051

　　① 日本人　（　　　　　　　　）　　② 课本　　（　　　　　　　　）

　　③ 老师　　（　　　　　　　　）　　④ 朋友　　（　　　　　　　　）

　　⑤ 学生　　（　　　　　　　　）　　⑥ 眼镜　　（　　　　　　　　）

二、音声を聞いて空欄を埋め、更に文を日本語に訳してみよう。　🔊 052

6

　　① 我是日本人，我是（　　　　　　　　　　　　）。

　　　訳 _____

　　② 她是我的（　　　　　　　），她是（　　　　　　　）大学的学生。

　　　訳 _____

　　③ 这是我的（　　　　　　　），那是（　　　　　　　）书包。

　　　訳 _____

三、次の会話を二人で練習してみよう。Bの役の人は自由に答えてみよう。

　　A　你是日本人吗？

　　B　_____

　　A　你是老师吗？

　　B　_____

　　A　你是哪个大学的学生？

　　B　_____

　　A　这是你的课本吗？

　　B　_____

ポイント1 　動詞述語文（SVO）　　　　　　　　　　🔊 053

　中国語の基本語順は「S＋V＋O」。つまり「主語＋動詞＋目的語」の語順です。
否定文は動詞の前に否定を表す副詞 "不" をつけます。

① 我喝咖啡。　　　　　Wǒ hē kāfēi.　　　　　私はコーヒーを飲みます。

② 他吃汉堡包。　　　　Tā chī hànbǎobāo.　　　彼はハンバーガーを食べます。

③ 她不看电视。　　　　Tā bú kàn diànshì.　　　彼女はテレビを見ません。

④ 你去便利店吗？　　　Nǐ qù biànlìdiàn ma?　　あなたはコンビニへ行きますか。

⑤ 你听不听音乐？　　　Nǐ tīng bu tīng yīnyuè?　あなたは音楽を聴きますか。

　一つの主語に対して、二つ以上の動詞フレーズが連続している文は「連動文」と言います。

主語 ＋ "来 lái" ／ "去 qù"（＋ 場所）＋ 動詞フレーズ

⑥ 我去中国学汉语。　　　　Wǒ qù Zhōngguó xué Hànyǔ.
　私は中国に中国語を勉強しに行きます。

⑦ 你来我家吃饭吧。　　　　Nǐ lái wǒ jiā chī fàn ba.
　あなたは私の家にご飯を食べに来てください。

（"吧" は文末に置いて、提案、命令の意を表す。）

語彙を増やそう

次の語句を発音しながら意味を覚えましょう。　🔊 054

吃中国菜	喝乌龙茶	看电影
chī zhōngguócài	hē wūlóngchá	kàn diànyǐng
中国料理を食べる	ウーロン茶を飲む	映画を見る

买东西	去留学	去吃饭
mǎi dōngxi	qù liúxué	qù chīfàn
買い物する	留学に行く	ご飯を食べに行く

➡ 次の日本語を中国語に訳してみよう。

(1) 私は中国料理を食べます。

_____

(2) 彼女はウーロン茶を飲みます。

_____

(3) あなたたちは映画を見ますか。

_____

(4) 私は買い物に行きます。

_____

(5) あなたたちは留学に行きますか。

_____

(6) 私たちはご飯を食べに行きません。

_____

「A それとも B ？」の文は選択疑問文と言います。「それとも」は中国語で接続詞 "还是 háishi" を使います。構文は以下の通りです。

A 还是 háishi B ？

① 你吃三明治还是（吃）汉堡包？　　Nǐ chī sānmíngzhì háishi (chī) hànbǎobāo?

　 あなたはサンドイッチを食べますか、それともハンバーガーを食べますか。

② 你喝冰咖啡还是（喝）热咖啡？　　Nǐ hē bīng kāfēi háishi (hē) rè kāfēi?

　 あなたはアイスコーヒーを飲みますか、それともホットコーヒーを飲みますか。

③ 你去北京还是（去）上海？　　　　Nǐ qù Běijīng háishi (qù) Shànghǎi?

　 あなたは北京に行きますか、それとも上海に行きますか。

④ 他是学生还是老师？　　　　　　　Tā shì xuésheng háishi lǎoshī?

　 彼は学生ですか、それとも先生ですか。

　 （　）の中の動詞は省略できます。

　疑問詞が入っている疑問文は文末に "吗" を置きません。

⑤ 你喝<u>什么</u>？　　　Nǐ hē shénme?　　　　　あなたは何を飲みますか。

⑥ 你去<u>哪儿</u>？　　　Nǐ qù nǎr?　　　　　　　あなたはどこへ行きますか。

⑦ 她是<u>谁</u>？　　　　Tā shì shéi?　　　　　　　彼女はだれですか。

🐦 語彙を増やそう

次の語句を発音しながら意味を覚えましょう。 🔊 056

吃 蛋糕／吃 冰激凌 chī dàngāo / chī bīngjīlíng ケーキを食べる／ アイスクリームを食べる	喝 果汁／喝 可乐 hē guǒzhī / hē kělè ジュースを飲む／コーラを飲む	看 杂志／看 漫画 kàn zázhì / kàn mànhuà 雑誌を読む／漫画を読む

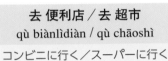

学 汉语／学 韩语 xué Hànyǔ / xué Hányǔ 中国語を学ぶ／韓国語を学ぶ	去 便利店／去 超市 qù biànlìdiàn / qù chāoshì コンビニに行く／スーパーに行く	去 京都／去 大阪 qù Jīngdū / qù Dàbǎn 京都に行く／大阪に行く

➡ 次の日本語を中国語に訳してみよう。

(1) あなたはケーキを食べますか、それともアイスクリームを食べますか。

_____

(2) あなたはジュースを飲みますか、それともコーラを飲みますか。

_____

(3) あなたは漫画を読みますか、それとも雑誌を読みますか。

_____

(4) あなたたちは中国語を学びますか、それとも韓国語を学びますか。

_____

(5) あなたはコンビニに行きますか、それともスーパーに行きますか。

_____

(6) あなたはどこへ行きますか。

_____

渡边 ： 你 吃 什么 ？
Nǐ chī shénme?

王 ： 我 吃 汉堡包 。
Wǒ chī hànbǎobāo.

渡边 ： 你 喝 什么 饮料 ？
Nǐ hē shénme yǐnliào?

王 ： 我 喝 咖啡 。
Wǒ hē kāfēi.

渡边 ： 你 喝 热咖啡 还是 冰咖啡 ？
Nǐ hē rè kāfēi háishi bīng kāfēi?

王 ： 我 喝 冰咖啡 。
Wǒ hē bīng kāfēi.

新出語句

🔊 058

- 吃　chī　動　食べる
- 汉堡包　hànbǎobāo　名　ハンバーガー
- 喝　hē　動　飲む
- 饮料　yǐnliào　名　ドリンク
- 热咖啡　rè kāfēi　名　ホットコーヒー
- 冰咖啡　bīng kāfēi　名　アイスコーヒー

一、 音声を聞いて単語をピンインで書き取ってみよう。　🔊 059

① 汉堡包 （　　　　　　　　　）　② 饮料　（　　　　　　　　　　）

③ 咖啡　（　　　　　　　　　）　④ 还是　（　　　　　　　　　　）

⑤ 可乐　（　　　　　　　　　）　⑥ 乌龙茶（　　　　　　　　　　）

二、 音声を聞いて空欄を埋め、更に文を日本語に訳してみよう。　🔊 060

① 我吃 （　　　　　　　　　　　　）。

訳 _____

② 你喝 （　　　　　　　　）咖啡，还是（　　　　　　　　　）咖啡？

訳 _____

③ 我学 （　　　　　　　　），不学（　　　　　　　　　）。

訳 _____

三、 次の会話を二人で練習してみよう。Bの役の人は自由に答えてみよう。

A 你喝什么茶？

B _____

A 你吃三明治，还是吃汉堡包？

B _____

A 你学汉语还是学韩语？

B _____

A 你去不去留学？

B _____

ポイント1　動詞 "喜欢 xǐhuan" 🔊 061

　"喜欢" は「〜が好きである」「〜を好む」という意味を表します。目的語には名詞または動詞フレーズをとります。

① 我喜欢动物。　　　　　　Wǒ xǐhuan dòngwù.

　　私は動物が好きです。

② 你喜欢什么颜色？　　　Nǐ xǐhuan shénme yánsè?

　　あなたは何色が好きですか。

③ 他喜欢吃日本料理。　　Tā xǐhuan chī Rìběn liàolǐ.

　　彼は日本料理（を食べるの）が好きです。

④ 我不喜欢打乒乓球。　　Wǒ bù xǐhuan dǎ pīngpāngqiú.

　　私は卓球（をするの）が好きではありません。

⑤ 你喜欢唱歌吗？　　　　Nǐ xǐhuan chàng gē ma?

　　あなたは歌（を歌うの）が好きですか。

副詞 "也 yě" と "都 dōu" の使い方

　"也" は「〜も」。"都" は「すべて」「みな」。副詞は動詞の前に置きます。

⑥ 我喜欢吃饺子，他也喜欢吃饺子。　　Wǒ xǐhuan chī jiǎozi, tā yě xǐhuan chī jiǎozi.

　　私はギョーザが好きですが、彼もギョーザが好きです。

⑦ 我们都喜欢学汉语。　　　　　　　Wǒmen dōu xǐhuan xué Hànyǔ.

　　私たちはみんな中国語（を勉強するの）が好きです。

語彙を増やそう

次の語句を発音しながら意味を覚えましょう。 🔊 062

红色 hóngsè	白色 báisè	黑色 hēisè
赤色	白色	黒色

打网球 dǎ wǎngqiú	踢足球 tī zúqiú	打棒球 dǎ bàngqiú
テニスをする	サッカーをする	野球をする

➡️ **次の日本語を中国語に訳してみよう。**

(1) 私は赤が好きです。

_____

(2) 私は白が好きです。

_____

(3) 彼も黒が好きです。

_____

(4) 彼もテニス（をするの）が好きです。

_____

(5) 私たちはみんなサッカー（をするの）が好きです。

_____

(6) 彼は野球（をするの）が好きではありません。

_____

"想" は「〜したい」「〜したいと思う」という意味を表します。中国語の助動詞は動詞の前に置かれます。否定文の場合は助動詞の前に "不" を置きます。

① 我想吃冰激凌。　　　Wǒ xiǎng chī bīngjīlíng.

　　私はアイスクリームが食べたい。

② 我想去中国留学。　　　Wǒ xiǎng qù Zhōngguó liúxué.

　　私は中国に留学に行きたい。

③ 她不想喝可乐。　　　Tā bù xiǎng hē kělè.

　　彼女はコーラを飲みたくない。

④ 你想学开车吗？　　　Nǐ xiǎng xué kāichē ma?

　　あなたは車を運転したいですか。

⑤ 你想不想去旅行？　　　Nǐ xiǎng bu xiǎng qù lǚxíng?

　　あなたは旅行に行きたいですか。

⑥ 你想看什么电影？　　　Nǐ xiǎng kàn shénme diànyǐng?

　　あなたはどんな映画を見たいですか。

語彙を増やそう

次の語句を発音しながら意味を覚えましょう。 🔊 064

吃北京烤鸭	吃寿司	买包包
chī Běijīng kǎoyā	chī shòusī	mǎi bāobāo
北京ダックを食べる	寿司を食べる	バッグを買う

8

买车	买电脑	去北京留学
mǎi chē	mǎi diànnǎo	qù Běijīng liúxué
車を買う	パソコンを買う	北京に留学に行く

次の日本語を中国語に訳してみよう。

(1) 私は北京ダックが食べたいです。

-----

(2) 私は寿司を食べたくないです。

-----

(3) 彼女もバッグが買いたいです。

-----

(4) 彼も車が買いたいです。

-----

(5) あなたはパソコンを買いたいですか。

-----

(6) あなたたちは北京に留学に行きたいですか。

🔊 065

渡边： 你 喜 欢 看 什 么 书 ？
Nǐ xǐhuan kàn shénme shū?

王： 我 喜 欢 看 推 理 小 说 。
Wǒ xǐhuan kàn tuīlǐ xiǎoshuō.

渡边： 我 也 喜 欢 看 推 理 小 说 。
Wǒ yě xǐhuan kàn tuīlǐ xiǎoshuō.

王： 我 还 喜 欢 看 旅 游 杂 志 。
Wǒ hái xǐhuan kàn lǚyóu zázhì.

渡边： 你 喜 欢 旅 游 吗 ？
Nǐ xǐhuan lǚyóu ma?

王： 对 ！ 我 想 去 日 本 各 地 旅 游 。
Duì!　　Wǒ xiǎng qù Rìběn gèdì lǚyóu.

新出語句

🔊 066

● 看书 kàn shū ⬚フ 本を読む
● 推理小说 tuīlǐ xiǎoshuō ⬚フ 推理小説
● 还 hái 副 ほかに、また
● 旅游 lǚyóu 動 旅行する
● 杂志 zázhì 名 雑誌
● 各地 gèdì 名 各地

一、音声を聞いて単語をピンインで書き取ってみよう。 🔊 067

① 小说 　　（ 　　　　　　　　 ） 　　② 旅游 　　（ 　　　　　　　　　　 ）

③ 杂志 　　（ 　　　　　　　　 ） 　　④ 打网球 （ 　　　　　　　　　　 ）

⑤ 北京烤鸭（ 　　　　　　　　 ）

二、音声を聞いて空欄を埋め、更に文を日本語に訳してみよう。 🔊 068

① 我 （ 　　　　　　　　　　　　 ）学汉语。

　　訳 ....

② 你喜欢看什么（ 　　　　　　　　　　 ）？

　　訳 ....

③ 我想买（ 　　　　　　　　　　 ）。

　　訳 ....

三、次の会話を二人で練習してみよう。Bの役の人は自由に答えてみよう。

A 你喜欢学汉语吗？

B ....

A 你喜欢看中国电影吗？

B ....

A 你想去留学吗？

B ....

A 你想不想吃北京烤鸭？

B ....

第**9**課
Dì jiǔ kè

ポイント1 | 所在を表す動詞 "在 zài" 🔊 069

"在" はものや人が「〜にある／いる」という意味を表します。構文は以下の通りです。

| 主語（もの／人）＋ "在 zài" ＋ 目的語（場所） |

① 我家在东京。　　　　Wǒ jiā zài Dōngjīng.　　　私の家は東京にあります。

② 他不在学校。　　　　Tā bú zài xuéxiào.　　　彼は学校にいません。

③ 洗手间在哪儿？　　　Xǐshǒujiān zài nǎr?　　　お手洗いはどこにありますか。

方位詞

里 lǐ	外 wài	上 shàng	下 xià	前 qián	后 hòu	左 zuǒ	右 yòu	
里边 lǐbian	外边 wàibian	上边 shàngbian	下边 xiàbian	前边 qiánbian	后边 hòubian	左边 zuǒbian	右边 yòubian	旁边（そば） pángbiān

　一音節の方位詞は名詞の後に直接つけて（軽声で読む）、単独で用いることはありません。二音節の方位詞は自由に用いることができます。（「〜のほう」と訳すことが多い）

④ 笔在书包里。　　　　Bǐ zài shūbāo li.

　ペンはカバンの中にあります。

⑤ 词典在书架上。　　　Cídiǎn zài shūjià shang.

　辞書は本棚にあります。

⑥ 邮局在便利店旁边。　Yóujú zài biànlìdiàn pángbiān.

　郵便局はコンビニの隣にあります。

⑦ 洗手间在里边。　　　Xǐshǒujiān zài lǐbian.

　お手洗いは中の方にあります。

　"里" と "上" の二つは本来場所を表さない名詞を場所化するマーカーとしての機能もあります。例えば日本語で言う「辞書は本棚にある」は、「本棚」を場所として使う場合、"上" をつけて "书架上" と言わなければなりません。

🐦 語彙を増やそう

次の語句を発音しながら意味を覚えましょう。 🔊 070

课本 kèběn	手机 shǒujī	笔 bǐ
テキスト	携帯電話	ペン

桌子上 zhuōzi shang	书包里 shūbāo li	口袋里 kǒudai li
机の上	カバンの中	ポケットの中

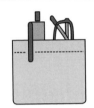

➡ 次の日本語を中国語に訳してみよう。

(1) テキストはカバンの中にあります。

----

(2) 携帯電話はポケットにあります。

----

(3) ペンは机の上にあります。

----

(4) 携帯電話はカバンの中にあります。

----

(5) ペンはポケットにあります。

----

(6) テキストは机の上にあります。

"从" は場所の起点、または時間の始まりを表し、日本語の「〜から」に当たります。

"往" は動作が向かう方向を表し、日本語の「〜へ」に当たります。

前置詞フレーズは動詞を修飾するもので、動詞の前に置かれます。

場所代名詞

ここ	そこ／あそこ	どこ
这儿 zhèr ／ 这里 zhèli	那儿 nàr ／ 那里 nàli	哪儿 nǎr ／ 哪里 nǎli

"〜儿" は話し言葉に使われます。

① 从这儿一直走。　　　　　　　　Cóng zhèr yìzhí zǒu.

　ここからまっすぐに行ってください。

② 从这儿往左拐。　　　　　　　　Cóng zhèr wǎng zuǒ guǎi.

　ここから左へ曲がってください。

③ 从东京到横滨要一个小时。　　　Cóng Dōngjīng dào Héngbīn yào yí ge xiǎoshí.

　東京から横浜まで一時間かかります。

④ 从这儿一直往前走。　　　　　　Cóng zhèr yìzhí wǎng qián zǒu.

　ここから前のほうへまっすぐに歩いてください。

⑤ 从四月开始学汉语。　　　　　　Cóng sìyuè kāishǐ xué Hànyǔ.

　四月から中国語の勉強を始めます。

⑥ 你从哪儿来？　　Nǐ cóng nǎr lái?　　あなたはどこから来ましたか。

　—我从大连来。　　Wǒ cóng Dàlián lái.　　私は大連から来ました。

 語彙を増やそう

次の語句を発音しながら意味を覚えましょう。 072

左 zuǒ	右 yòu	东西南北 dōng xī nán běi
左	右	東西南北

北
西 ◀ ▶ 東
南

出发 chūfā	涩谷 Sègǔ	银座 Yínzuò
出発する	渋谷	銀座

➡ 次の日本語を中国語に訳してみよう。

(1) ここを右に曲がってください。

_____

(2) ここを東に曲がってください。

_____

(3) そこから南に向かって行ってください。

_____

(4) どこから出発しますか。

_____

(5) 渋谷から銀座まで二十分かかります。（二十分＝二十分钟 èrshí fēnzhōng 詳しくは p.76）

_____

(6) あなたはどこから来ましたか。

_____

本 文

073

王： 图书馆在哪儿？
Túshūguǎn zài nǎr?

学生A： 图书馆在食堂旁边。
Túshūguǎn zài shítáng pángbiān.

王： 从这儿怎么走？
Cóng zhèr zěnme zǒu?

学生A： 一直往前走， 然后往右拐。
Yìzhí wǎng qián zǒu, ránhòu wǎng yòu guǎi.

王： 明白了， 谢谢你。
Míngbai le, xièxie nǐ.

学生A： 不客气。
Bú kèqi.

新出語句 074

- 图书馆 túshūguǎn 名 図書館
- 食堂 shítáng 名 食堂
- 怎么 zěnme 疑 どのように
- 走 zǒu 動 歩く、行く
- 然后 ránhòu 接 それから
- 明白 míngbai 動 分かる
- 了 le 助 状況の変化を表す

50

一、音声を聞いて単語をピンインで書き取ってみよう。　🔊 075

① 东京（　　　　　　　）　② 横滨　（　　　　　　　　　）

③ 学校（　　　　　　　）　④ 洗手间（　　　　　　　　　）

⑤ 涩谷（　　　　　　　）　⑥ 银座　（　　　　　　　　　）

二、音声を聞いて空欄を埋め、更に文を日本語に訳してみよう。　🔊 076

① （　　　　　　　　　　　）在食堂旁边。

　　訳 ....

② 从这儿（　　　　　　　　　）走？

　　訳 ....

③ （　　　　　　　　　　　）往前走。

　　訳 ....

三、次の会話を二人で練習してみよう。Bの役の人は自由に答えてみよう。

　A　你的课本在哪儿？

　B　..

　A　你的手机在哪儿？

　B　..

　A　从你家去车站怎么走？

　B　..

ポイント1 数詞、量詞 🔊 077

数詞

一	二	三	四	五	六	七	八	九	十
yī	èr	sān	sì	wǔ	liù	qī	bā	jiǔ	shí

十一	十二	二十	二十一	……	九十九
shíyī	shí'èr	èrshí	èrshiyī	……	jiǔshijiǔ

量詞

日本語の「～冊、～枚、～台」にあたるものは中国語では「量詞」と言います。
使い方は次のようになります。

数詞 ＋ 量詞 ＋ 名詞

一	杯	咖啡	一杯のコーヒー
yì	bēi	kāfēi	

几	本	书？	何冊の本？
Jǐ	běn	shū？	

> "一 yī" は本来第一声ですが、後ろに第一、二、三声が続く場合は第四声に変調し、後ろに第四声が続く場合は第二声に変調します。

よく使われる量詞

量詞	修飾するもの
个 ge	リンゴ、たまご、カバン、人など
杯 bēi	湯呑、コップなどに入っているもの
瓶 píng	瓶に入っているもの
台 tái	パソコンなど機械や設備
张 zhāng	紙、写真、チケット、テーブルなど

量詞	修飾するもの
件 jiàn	衣類や事柄など
双 shuāng	対になっているもの
支 zhī	ペンなど細い棒状のもの
本 běn	本、雑誌など
辆 liàng	車、自転車など

数量を数えるときは "二" ではなく、"两" liǎng を使います。

两	台	电脑	二台のパソコン
liǎng	tái	diànnǎo	

🐦 **語彙を増やそう**

次の語句を発音しながら意味を覚えましょう。 🔊 078

鸡蛋 jīdàn	苹果 píngguǒ	词典 cídiǎn
卵	リンゴ	辞書

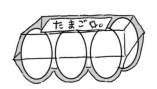

电脑 diànnǎo	衬衣 chènyī	可乐 kělè
パソコン	シャツ	コーラ

➡️ **次の日本語を中国語に訳してみよう。**

(1) 卵一つ

----

(2) 辞書一冊

----

(3) パソコン一台

----

(4) リンゴ二つ

----

(5) シャツ何枚

----

(6) コーラ何本

"有" は「ある場所にもの、もしくは人が存在する」という意味を表します。構文は以下のようになります。

> 主語（場所）＋ "有 yǒu" ＋ 目的語（もの／人）

"有" の目的語になるものは、「不特定の」物に限ります。肯定文の場合、目的語の名詞には通常数量詞などの修飾語がつきます。否定形は "不有" ではなく、"没有" になります。

① 冰箱里有两瓶啤酒。　　Bīngxiāng li yǒu liǎng píng píjiǔ.
　　冷蔵庫の中にビールが二本あります。

② 教室里有五个学生。　　Jiàoshì li yǒu wǔ ge xuésheng.
　　教室の中に学生が五人います。

③ 我家里没有电视机。　　Wǒ jiā li méiyou diànshìjī.
　　私の家にはテレビがありません。

④ 里边有洗手间吗？　　Lǐbian yǒu xǐshǒujiān ma?
　　中にお手洗いはありますか。

また、"有" には「～を持っている」という使い方もあります。

⑤ 我有两台电脑。　　Wǒ yǒu liǎng tái diànnǎo.
　　私はパソコンを二台持っています。

⑥ 你有笔吗？　　Nǐ yǒu bǐ ma?
　　あなたはペンを持っていますか。

隠れる「o」

複母音「iou」は前に子音を伴う場合、真ん中の「o」は表記されません。

　　j + iou　　→　　jiǔ　酒
　　l + iou　　→　　liù　六

なお、表記上「o」が消えても、発音するときは「o」の音を響かせて言いましょう。

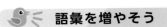 **語彙を増やそう**

次の語句を発音しながら意味を覚えましょう。 🔊 080

笔盒里 bǐhé li	房间里 fángjiān li	书架上 shūjià shang
ペンケースの中	部屋の中	本棚

圆珠笔 yuánzhūbǐ	人 rén	杂志 zázhì
ボールペン	人	雑誌

次の日本語を中国語に訳してみよう。

(1) ペンケースにボールペンは何本ありますか。

_____

(2) ペンケースにボールペンが二本あります。

_____

(3) 部屋の中には人がいません。

_____

(4) 部屋の中に十人います。

_____

(5) 本棚に雑誌は何冊ありますか。

_____

(6) 本棚に雑誌は五冊あります。

_____

店员 ： 欢迎光临！ 您要买 T 恤吗？
diànyuán　Huānyíng guānglín!　　Nín yào mǎi Txù ma?

王 ： 对。 请问， 有小号的吗？
Duì.　Qǐngwèn,　yǒu xiǎohào de ma?

店员 ： 有。 请稍等。
Yǒu.　Qǐng shāo děng.

王 ： 有没有别的颜色？
Yǒu méiyou bié de yánsè?

店员 ： 有黑色、 白色和红色。
Yǒu hēisè、　　báisè hé hóngsè.

王 ： 那我买一件黑色的、 一件白色的。
Nà wǒ mǎi yí jiàn hēisè de、　　yí jiàn báisè de.

新出語句
◀))) 082

- 店员 diànyuán 名 店員
- 欢迎光临 huānyíng guānglín フ いらっしゃいませ
- 要 yào 助動 ～したい
- T恤 Txù 名 Tシャツ
- 小号 xiǎohào 名 Sサイズ
- 请 qǐng 動 どうぞ～してください
- 稍等 shāo děng フ 少し待つ
- 别的 bié de 名 ほかの
- 颜色 yánsè 名 色
- 黑色 hēisè 名 黑
- 白色 báisè 名 白
- 和 hé 接 ～と
- 红色 hóngsè 名 赤
- 那 nà 接 では

一、音声を聞いて単語をピンインで書き取ってみよう。　🔊 083

① T恤（　　　　　　）　② 请问（　　　　　　　　）

③ 稍等（　　　　　　）　④ 颜色（　　　　　　　　）

⑤ 黑色（　　　　　　）　⑥ 红色（　　　　　　　　）

10

二、音声を聞いて空欄を埋め、更に文を日本語に訳してみよう。　🔊 084

① （　　　　　　　　　　）光临。

　　訳 ....

② 有没有别的（　　　　　　　　　　）?

　　訳 ....

③ 我买一件（　　　　　）的、两件（　　　　　　）的。

　　訳 ....

三、次の会話を二人で練習してみよう。Bの役の人は自由に答えてみよう。

　A 你的书包里有什么？

　B ....

　A 你有几支圆珠笔？

　B ....

　A 教室里有几个学生？

　B ....

ポイント 1　動詞 "请 qǐng"　🔊 085

　"请" は敬語で、「どうぞ（〜してください）」の意味を表す動詞です。"请" のあとに動詞、または形容詞フレーズを置いて、「〜してください」ということができます。また、「"请" ＋人＋動詞」という使い方もできます。

①	请进！	Qǐng jìn!	どうぞお入りください。
②	请坐！	Qǐng zuò!	どうぞおかけください。
③	请喝茶。	Qǐng hē chá.	お茶をどうぞ。
④	请往里走。	Qǐng wǎng lǐ zǒu.	どうぞ中の方へ移動してください。
⑤	请安静。	Qǐng ānjìng.	どうぞ静かにしてください。
⑥	请等一下。	Qǐng děng yíxià.	ちょっとお待ちください。
⑦	请你看一下。	Qǐng nǐ kàn yíxià.	どうぞ見てください。
⑧	请您随意。	Qǐng nín suíyì.	ご自由にどうぞ。

　　"一下" は動詞の後に置いて「ちょっと（〜する）」という意味を表します。また、命令の口調を和らげることもできます。

你来一下。　Nǐ lái yíxià.　ちょっと来てください。
您试一下。　Nín shì yíxià.　ちょっと試してみてください。

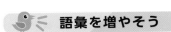 **語彙を増やそう**

次の語句を発音しながら意味を覚えましょう。 🔊 086

稍等 shāo děng	放心 fàngxīn	注意 zhùyì
少し待つ	安心する	気をつける

休息 xiūxi	试 shì	慢走 mànzǒu
休む	試す	ゆっくり歩く、気を付ける

➡ **次の日本語を中国語に訳してみよう。**

(1) すこしお待ちください。

----

(2) どうぞご安心ください。

----

(3) どうぞご注意ください。

----

(4) ちょっと休んでください。

----

(5) どうぞ試してみてください。

----

(6) どうぞお気をつけて。

　"要" は「もらう」「注文する」という意味です。レストランやカフェで注文するときに使われます。中国語で注文するとき、数量と一緒に伝えるのが一般的です。構文は以下の通りです。

"要 yào" ＋ 数量 ＋ もの

① 要一杯矿泉水。　　　　　Yào yì bēi kuàngquánshuǐ.

　ミネラルウォーターを（一杯）ください。

② 要两杯冰咖啡。　　　　　Yào liǎng bēi bīng kāfēi.

　アイスコーヒーを二杯ください。

③ 要一个麻婆豆腐。　　　　Yào yí ge mápó dòufu.

　麻婆豆腐を一つください。

④ 要一只北京烤鸭。　　　　Yào yì zhī Běijīng kǎoyā.

　北京ダックを一羽ください。

⑤ 要一份炒饭。　　　　　　Yào yí fèn chǎofàn.

　チャーハンを一人前ください。

⑥ 您还要什么？　　　　　　Nín hái yào shénme?

　ほかに何を注文しますか。

隠れる「e」

複母音「uei」と「uen」が前に子音を伴う場合、真ん中の「e」は表記されません。

　　sh ＋ uei　　→　　shuǐ　水

　　k ＋ uen　　→　　kùn　困

「e」が表記から消えても、発音するときは「e（エ）」の音を響かせて言いましょう。

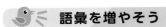 語彙を増やそう

次の語句を発音しながら意味を覚えましょう。 🔊 088

两杯橙汁 liǎng bēi chéngzhī オレンジジュース二杯	一个冰激凌 yí ge bīngjīlíng アイスクリーム一つ	两碗拉面 liǎng wǎn lāmiàn ラーメン二杯

一个回锅肉 yí ge huíguōròu ホイコーロー一つ	一份小笼包 yí fèn xiǎolóngbāo ショーロンポー一人前	一个麻辣火锅 yí ge málà huǒguō マーラー火鍋一つ

11

次の日本語を中国語に訳してみよう。

(1) オレンジジュースを二杯ください。

_____

(2) アイスクリームを一つください。

_____

(3) ラーメンを二杯ください。

_____

(4) ホイコーローを一つください。

_____

(5) ショーロンポーを一人前ください。

_____

(6) マーラー火鍋を一つください。

_____

■)) 089

服务员 : **您好。请看一下菜单。**
fúwùyuán Nín hǎo. Qǐng kàn yíxià càidān.

王 : **要一个麻婆豆腐、一个青椒肉丝。**
Yào yí ge mápó dòufu、 yí ge qīngjiāo ròusī.

渡边 : **再要一份小笼包、一份炒饭。**
Zài yào yí fèn xiǎolóngbāo、 yí fèn chǎofàn.

王 : **饮料要一杯可乐和一杯乌龙茶。**
Yǐnliào yào yì bēi kělè hé yì bēi wūlóngchá.

服务员 : **好的。还要别的吗？**
Hǎo de. Hái yào bié de ma?

渡边 : **谢谢，不要了。**
Xièxie, bú yào le.

新出語句

■)) 090

● 服务员 fúwùyuán 名 従業員、店員
● 菜单 càidān 名 メニュー
● 麻婆豆腐 mápó dòufu 名 マーボー豆腐
● 青椒肉丝 qīngjiāo ròusī 名 チンジャオロース
● 再 zài 副 さらに

一、 音声を聞いて単語をピンインで書き取ってみよう。 🔊 091

① 乌龙茶　（　　　　　　　　　）　② 炒饭　（　　　　　　　　　　　）

③ 小笼包　（　　　　　　　　　）　④ 回锅肉（　　　　　　　　　　　）

⑤ 麻辣火锅（　　　　　　　　　）

二、 音声を聞いて空欄を埋め、更に文を日本語に訳してみよう。 🔊 092

11

① 请看一下（　　　　　　　　　　　）。

訳 ....

② 要一杯（　　　　　　　　　　　）和一杯乌龙茶。

訳 ....

③ （　　　　　　　　　　　）要别的吗？

訳 ....

三、 次の会話を二人で練習してみよう。Bの役の人は自由に答えてみよう。

A　你要什么？

B　..

A　饮料要什么？

B　..

A　还要别的吗？

B　..

第**12**課
Dì shí'èr kè

| ポイント **1** | 年月日、曜日の言い方 | 🔊 093 |

年月日の言い方

　年は数字をそのまま粒読みします。中国語で年月日、曜日などは"是"を使わず、そのまま述語とすることができます。

① 今年（是）二〇二三年。　Jīnnián (shì) èr líng èr sān nián.　今年は2023年です。

　月日の言い方は日本語と同じ（〜月〜日）ですが、話し言葉では「〜日」を"〜号 hào"と言います。

② 今天（是）几月几号？　Jīntiān (shì) jǐ yuè jǐ hào?　　今日は何月何日ですか。

③ 今天（是）四月一号。　Jīntiān (shì) sìyuè yī hào.　　今日は四月一日です。

曜日の言い方

　曜日は、"星期 xīngqī"と言います。月曜日から土曜日まで数字"一"から"六"の数字を使います。

| 月曜日 | 星期一
xīngqīyī | 火曜日 | 星期二
xīngqī'èr | 水曜日 | 星期三
xīngqīsān |

| 木曜日 | 星期四
xīngqīsì | 金曜日 | 星期五
xīngqīwǔ | 土曜日 | 星期六
xīngqīliù |

日曜日　星期日／星期天
　　　　xīngqīrì ／ xīngqītiān

④ 明天（是）星期几？　Míngtiān (shì) xīngqī jǐ?　　明日は何曜日ですか。

⑤ 明天（是）星期一。　Míngtiān (shì) xīngqīyī.　　明日は月曜日です。

注文書		注文数	冊
新装版 はじめての中国語学習辞典	定価（本体2800円＋税）ISBN978-4-255-01223-0	注文数	冊
中国語学習シソーラス辞典	定価（本体3800円＋税）ISBN978-4-255-00993-3	注文数	冊
中国語類義語辞典	定価（本体4500円＋税）ISBN978-4-255-00841-7	注文数	冊
カンタン中国語	定価（本体1600円＋税）ISBN978-4-255-01310-7	注文数	冊
話してみたい中国語必須フレーズ100	定価（本体2500円＋税）ISBN978-4-255-01276-6	注文数	冊
選抜！中国語単語 初級編	定価（本体2100円＋税）ISBN978-4-255-01260-5	注文数	冊
選抜！中国語単語 中級編	定価（本体2100円＋税）ISBN978-4-255-01261-2	注文数	冊
選抜！中国語単語 常用フレーズ編	定価（本体2500円＋税）ISBN978-4-255-01262-9	注文数	冊
お名前			
ご住所		TEL	

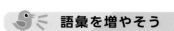

語彙を増やそう

次の語句を発音しながら意味を覚えましょう。 🔊 094

一月五号 星期四	五月十九号 星期五	九月六号 星期三
yīyuè wǔ hào　xīngqīsì	wǔyuè shíjiǔ hào　xīngqīwǔ	jiǔyuè liù hào　xīngqīsān

　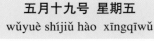　

十月一号 星期日	十一月二十七号 星期六	十二月四号 星期一
shíyuè yī hào　xīngqīrì	shíyīyuè èrshiqī hào　xīngqīliù	shí'èryuè sì hào　xīngqīyī

➡ **次の日本語を中国語に訳してみよう。**

(1) 今日は一月五日木曜日です。

-----

(2) 今日は五月十九日金曜日です。

-----

(3) 今日は九月六日水曜日です。

-----

(4) 明日は十月一日日曜日です。

-----

(5) 明日は十一月二十七日土曜日です。

-----

(6) 今日は何月何日、何曜日ですか。

「～歳」は "～岁 suì" と言います。

一岁	两岁	十岁	二十岁	三十五岁
yí suì	liǎng suì	shí suì	èrshí suì	sānshiwǔ suì
一歳	二歳	十歳	二十歳	三十五歳

　年齢は一般的に動詞 "是" を使わず、そのまま述語の位置に年齢を置きます。

　また、人称代名詞が家族のメンバーや親戚、友人などを修飾する場合、「の」にあたる "的" が通常省略されます。

① 我今年十八岁。　　　　　Wǒ jīnnián shíbā suì.　　　　　私は今年十八歳です。

② 我妈妈今年五十四岁。　　Wǒ māma jīnnián wǔshisì suì.　　私の母は今年五十四歳です。

③ 我爸爸五十七岁。　　　　Wǒ bàba wǔshiqī suì.　　　　　私の父は五十七歳です。

　年齢を尋ねるときは相手によって言い方が変わります。

若い人に対して

④ 你今年多大？　　　　　　Nǐ jīnnián duō dà?　　　　　　あなたは今年何歳ですか。

自分より年長、目上の人に対して

⑤ 您今年多大岁数？　　　　Nín jīnnián duō dà suìshu?　　　あなたは今年おいくつですか。

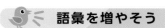 **語彙を増やそう**

次の語句を発音しながら意味を覚えましょう。 🔊 096

爸爸 bàba 五十四岁	妈妈 māma 五十二岁	哥哥 gēge 二十岁
（父） wǔshisì suì	（母） wǔshi'èr suì	（兄） èrshí suì

姐姐 jiějie 二十一岁	弟弟 dìdi 十六岁	妹妹 mèimei 十五岁
（姉） èrshiyī suì	（弟） shíliù suì	（妹） shíwǔ suì

12

➡ **次の日本語を中国語に訳してみよう。** ▶

（1）私の父は五十四歳です。

（2）彼の母は五十二歳です。

（3）私の兄は二十歳です。

（4）彼女の姉は二十一歳です。

（5）私の弟は十六歳です。

（6）彼の妹は十五歳です。

渡边： 你的生日几月几号？
Nǐ de shēngrì jǐ yuè jǐ hào?

王： 十一月六号。
Shíyīyuè liù hào.

渡边： 你今年多大？
Nǐ jīnnián duō dà?

王： 我今年十九岁。
Wǒ jīnnián shíjiǔ suì.

渡边： 你有几个兄弟姐妹？
Nǐ yǒu jǐ ge xiōngdì jiěmèi?

王： 我有一个姐姐和一个弟弟。
Wǒ yǒu yí ge jiějie hé yí ge dìdi.

◀))) 098

● 生日 shēngrì 名 誕生日
● 几月几号 jǐ yuè jǐ hào フ 何月何日
● 兄弟 xiōngdì 名 兄弟
● 姐妹 jiěmèi 名 姉妹

一、音声を聞いて単語をピンインで書き取ってみよう。　🔊 099

① 今天 （　　　　　　　　　）　　② 明天　（　　　　　　　　　　　）

③ 生日 （　　　　　　　　　）　　④ 星期一（　　　　　　　　　　　）

⑤ 哥哥 （　　　　　　　　　）　　⑥ 姐姐　（　　　　　　　　　　　）

二、音声を聞いて、空欄を埋め、更に文を日本語に訳してみよう。　🔊 100

12

① 你的生日（　　　　　　　　　　　　）?

　　訳 _____

② 你今年（　　　　　　　　　　　　）?

　　訳 _____

③ 我有一个（　　　　　　　）和一个（　　　　　　　　　）。

　　訳 _____

三、次の会話を二人で練習してみよう。Bの役の人は自由に答えてみよう。

A　你今年多大?

B　_____

A　你的生日几月几号?

B　_____

A　你爸爸、妈妈多大岁数?

B　_____

A　你有几个兄弟姐妹?

B　_____

| ポイント **1** | 時刻の言い方、使い方 | 🔊 101 |

「~時」は中国語では "~点 diǎn"、「~分」は "~分 fēn" と言います。2時は "二点" ではなく "两点" と言います。

1：00	一点	yì diǎn	1：10	一点十分	yì diǎn shí fēn
2：15	两点十五分	liǎng diǎn shíwǔ fēn		两点一刻	liǎng diǎn yí kè
2：30	两点三十分	liǎng diǎn sānshí fēn		两点半	liǎng diǎn bàn
12：45	十二点四十五分	shí'èr diǎn sìshiwǔ fēn		十二点三刻	shí'èr diǎn sān kè

| 早上 | 上午 | 中午 | 下午 | 晚上 |
| zǎoshang | shàngwǔ | zhōngwǔ | xiàwǔ | wǎnshang |

① 现在几点？　　　　　Xiànzài jǐ diǎn?　　　　　いま何時ですか。

② 现在十点五十五分。　Xiànzài shí diǎn wǔshiwǔ fēn.　いま10時55分です。

時刻を表す語は動詞の前に置きます。

③ 你几点吃早饭？　　　Nǐ jǐ diǎn chī zǎofàn?

　あなたは何時に朝ご飯を食べますか。

④ 我早上六点半起床。　Wǒ zǎoshang liù diǎn bàn qǐchuáng.

　私は6時半に起きます。

⑤ 我晚上十一点睡觉。　Wǒ wǎnshang shíyī diǎn shuìjiào.

　私は夜11時に寝ます。

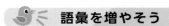 語彙を増やそう

次の語句を発音しながら意味を覚えましょう。 🔊 102

早上六点 zǎoshang liù diǎn 朝6時 起床 qǐchuáng 起きる	七点一刻 qī diǎn yí kè 7時15分 吃早饭 chī zǎofàn 朝ご飯を食べる	八点半 bā diǎn bàn 8時半 去学校 qù xuéxiào 学校に行く

中午十二点 zhōngwǔ shí'èr diǎn 昼12時 吃午饭 chī wǔfàn 昼ご飯を食べる	晚上七点 wǎnshang qī diǎn 夜7時 吃晚饭 chī wǎnfàn 晚ご飯を食べる	十一点 shíyī diǎn 11時 睡觉 shuìjiào 寝る

➡ 次の日本語を中国語に訳してみよう。 ▶

(1) 私は6時に起きます。

----

(2) 彼は7時15分に朝ご飯を食べます。

----

(3) 先生は8時半に学校に行きます。

----

(4) 私たちは昼12時に昼ご飯を食べます。

----

(5) 私の父は夜7時に晩ご飯を食べます。

----

(6) 私は11時に寝ます。

動詞の中には二重目的語をとるものもあります。構文は以下の通りです。

> 主語 ＋ 動詞 ＋ 間接目的語（人）＋ 直接目的語（物事）
> 　　　　　　　目的語１（～に）　　　目的語２（…を）

① 给我一瓶水。　　　　　　Gěi wǒ yì píng shuǐ.
　　私に水を一本ください。

② 朋友给我很多帮助。　　　Péngyou gěi wǒ hěn duō bāngzhù.
　　友達は私に多くの援助をしてくれました。

③ 王老师教我们中文。　　　Wáng lǎoshī jiāo wǒmen Zhōngwén.
　　王先生が私たちに中国語を教えてくれます。
　　（"中文" は "汉语" と同じ意味で、書き言葉も含める）

④ 我想问你一个问题。　　　Wǒ xiǎng wèn nǐ yí ge wèntí.
　　一つ質問したいと思います。

⑤ 我送你一个生日礼物。　　Wǒ sòng nǐ yí ge shēngrì lǐwù.
　　私はあなたに誕生日プレゼントを贈りました。

⑥ 告诉我你的电话号码和邮址，好吗？
　　Gàosu wǒ nǐ de diànhuà hàomǎ hé yóuzhǐ, hǎo ma?
　　電話番号とメールアドレスを教えてもらえますか。

🐦 **語彙を増やそう**

次の語句を発音しながら意味を覚えましょう。 🔊 104

给 gěi	あげる／くれる
一张电影票 yì zhāng diànyǐngpiào	
一枚の映画のチケット	

给 gěi	あげる／くれる
一张名片 yì zhāng míngpiàn	
一枚の名刺	

给 gěi	あげる／くれる
一杯水 yì bēi shuǐ	
一杯の水	

问 wèn	聞く
一个问题 yí ge wèntí	
一つの質問	

告诉 gàosu	伝える
一件事 yí jiàn shì	
一つのこと	

教 jiāo	教える
日语 Rìyǔ	
日本語	

➡ **次の日本語を中国語に訳してみよう。** ▷

(1) 私は友達に映画の切符を一枚あげます。

----

(2) あなたに名刺を一枚あげます。

----

(3) 水を一杯ください。

----

(4) 先生に一つ質問したいです。

----

(5) 私はあなたに一つ伝えたいことがあります。

----

(6) 私に日本語を教えていただけますか。

🔊 105

渡边： **现在几点？**
Xiànzài jǐ diǎn?

王 ： **现在两点一刻。**
Xiànzài liǎng diǎn yí kè.

渡边： **你几点上课？**
Nǐ jǐ diǎn shàngkè?

王 ： **三点半上课。**
Sān diǎn bàn shàngkè.

渡边： **我想问你几个汉语问题，可以吗？**
Wǒ xiǎng wèn nǐ jǐ ge Hànyǔ wèntí,　　　kěyǐ ma?

王 ： **可以，没问题。**
Kěyǐ,　　　méi wèntí.

新出語句

🔊 106

● 现在　xiànzài　名　　今
● 几点　jǐ diǎn　フ　　何時
● 上课　shàngkè　フ　　授業に出る
● 几个　jǐ ge　フ　　いくつか
● 可以　kěyǐ　助動　　してよい
● 没问题　méi wèntí　フ　　問題ない

ドリル

一、音声を聞いて単語をピンインで書き取ってみよう。　🔊 107

① 現在　　（　　　　　　　　　　）　② 名片　　（　　　　　　　　　　）

③ 邮址　　（　　　　　　　　　　）　④ 电影票（　　　　　　　　　　）

⑤ 电话号码（　　　　　　　　　　）

二、音声を聞いて、空欄を埋め、更に文を日本語に訳してみよう。　🔊 108

① 现在（　　　　　　　　　　　　　）一刻。

　　訳 ....

② 你（　　　　　　　　　　　　　）去学校？

　　訳 ....

③ 我想问老师几个汉语（　　　　　　　　　　　　）。

　　訳 ....

三、次の会話を二人で練習してみよう。Bの役の人は自由に答えてみよう。

　A 现在几点？

　B ....

　A 你几点吃午饭？

　B ....

　A 我想问你几个汉语问题，可以吗？

　B ....

13

ポイント**1** 時間の長さの言い方、使い方 🔊 109

一年間：	一年	yì nián	二年：	两年	liǎng nián
一ヶ月：	一个月	yí ge yuè	二か月：	两个月	liǎng ge yuè
一週間：	一个星期	yí ge xīngqī	二週間：	两个星期	liǎng ge xīngqī
一日：	一天	yì tiān	二日間：	两天	liǎng tiān
一時間：	一个小时	yí ge xiǎoshí			
二時間：	两个小时	liǎng ge xiǎoshí			
一時間半：	一个半小时	yí ge bàn xiǎoshí			
一分間：	一分钟	yì fēnzhōng			
二分間：	两分钟	liǎng fēnzhōng			
十五分間：	十五分钟	shíwǔ fēnzhōng または 一刻钟 yí kè zhōng			

時間の長さを表す言葉は動詞の後に置きます。

① 我想休息两个星期。　　　　　Wǒ xiǎng xiūxi liǎng ge xīngqī.

　私は二週間休みたいです。

② 他每天睡六个小时。　　　　　Tā měitiān shuì liù ge xiǎoshí.

　彼は毎日六時間寝ます。

③ 我每天打三个小时工。　　　　Wǒ měitiān dǎ sān ge xiǎoshí gōng.

　私は毎日三時間アルバイトをします。

🐦 **語彙を増やそう**

次の語句を発音しながら意味を覚えましょう。 🔊 110

多长时间 duō cháng shíjiān	住 zhù	玩儿 wánr
	住む	遊ぶ
（時間が）どのくらい	一个月 yí ge yuè	一个星期 yí ge xīngqī
	一ヵ月	一週間

14

几个小时 jǐ ge xiǎoshí	运动 yùndòng	看电视 kàn diànshì
	運動する	テレビを見る
何時間	一个小时 yí ge xiǎoshí	两个半小时 liǎng ge bàn xiǎoshí
	一時間	二時間半

➡️ **次の日本語を中国語に訳してみよう。**

(1) あなたはどのくらい住みたいですか。

---

(2) 私は一か月住みたいです。

---

(3) 私は一週間遊びたいです。

---

(4) あなたは毎日何時間運動しますか。

---

(5) 私は毎日一時間運動します。

---

(6) 彼は毎日二時間半テレビを見ます。

中国語の形容詞述語文は動詞の "是" は使わず、形容詞がそのまま述語になります。肯定文に限り、形容詞の前に通常 "很（とても）" などの程度を表す副詞をつけて言います。"很" などの副詞がついていないと、「これはおいしいが、あれはおいしくない」というような比較のニュアンスが生まれるので、文を終わらせるために程度副詞を常につけることを覚えておきましょう。

① 小笼包很好吃。　　　　Xiǎolóngbāo hěn hǎochī.

　　ショーロンポーはとてもおいしいです。

② 珍珠奶茶非常好喝。　　Zhēnzhū nǎichá fēicháng hǎohē.

　　タピオカミルクティーはとてもおいしいです。

③ 汉语太容易了。　　　　Hànyǔ tài róngyì le.

　　中国語はとても簡単です。

　　否定文は、形容詞の前に "不" を置きます。

④ 今天不冷。　　　　Jīntiān bù lěng.　　　　　今日は寒くないです。

⑤ 工作不太忙。　　　Gōngzuò bú tài máng.　　仕事はあまり忙しくないです。

　　疑問文は文末に "吗" を置き、反復疑問文の場合は、形容詞の肯定系否定形を並べます。

⑥ 她漂亮吗？　　　Tā piàoliang ma?　　　　彼女はきれいですか。

⑦ 身体好不好？　　Shēntǐ hǎo bu hǎo?　　　身体は丈夫ですか。

🐦 語彙を増やそう

次の語句を発音しながら意味を覚えましょう。 🔊 112

四川菜 sìchuāncài
四川料理
辣 là
辛い

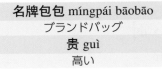
名牌包包 míngpái bāobāo
ブランドバッグ
贵 guì
高い

香蕉 xiāngjiāo
バナナ
便宜 piányi
安い

14

房间 fángjiān
部屋
大 dà
大きい、広い

箱子 xiāngzi
箱
小 xiǎo
小さい

个子 gèzi
身長
高 gāo
高い

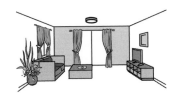

➡️ 次の日本語を中国語に訳してみよう。

(1) 四川料理はとても辛いです。

----

(2) ブランドバッグはとても高いです。

----

(3) バナナは安いですか。

----

(4) 部屋は広いですか。

----

(5) 箱は小さくないです。

----

(6) 身長は高くないです。

王 ： 你 每 天 学 几 个 小 时 汉 语 ？
Nǐ měitiān xué jǐ ge xiǎoshí Hànyǔ?

渡边 ： 大 概 学 两 个 小 时 。
Dàgài xué liǎng ge xiǎoshí.

王 ： 汉 语 难 吗 ？
Hànyǔ nán ma?

渡边 ： 汉 语 的 发 音 很 难 。
Hànyǔ de fāyīn hěn nán.

王 ： 语 法 难 不 难 ？
Yǔfǎ nán bu nán?

渡边 ： 语 法 不 太 难 。
Yǔfǎ bú tài nán.

新 出 語 句

🔊 114

● 每天 měitiān 副 毎日
● 大概 dàgài 副 だいたい
● 难 nán 形 難しい
● 发音 fāyīn 名 発音
● 语法 yǔfǎ 名 文法
● 不太～ bútài フ あまり～ない

ドリル

一、音声を聞いて単語をピンインで書き取ってみよう。 ◀)) 115

① 一个月 （　　　　　　　　　）　② 两个小时 （　　　　　　　　　　）

③ 好吃　（　　　　　　　　　）　④ 好喝　　（　　　　　　　　　　）

⑤ 漂亮　（　　　　　　　　　）

二、音声を聞いて、空欄を埋め、更に文を日本語に訳してみよう。 ◀)) 116

① 我每天学（　　　　　　　　　　　）汉语。

　　訳 ....

② 汉语的语法（　　　　　　　　　　）。

　　訳 ....

③ （　　　　　　　　　　　　　）大不大？

　　訳 ....

三、次の会話を二人で練習してみよう。Bの役の人は自由に答えてみよう。

　A　你每天学几个小时汉语？

　B　...

　A　汉语的发音难不难？

　B　...

　A　语法难不难？

　B　...

索 引

著者

陳　淑梅
　　東京工科大学教授

イラスト　柳葉コーポレーション
表紙・本文デザイン　メディアアート

音声吹込　呉志剛　李洵

かんたん楽ショウ！ 初級中国語
入門編

|検印省略| © 2023 年 1 月 31 日　初 版 発 行

著　者　　　　　　　　　　陳　淑梅

発行者　　　　　　　　小 川 洋 一 郎
発行所　　　　　　株式会社 朝 日 出 版 社
　　　　〒 101-0065　東京都千代田区西神田 3－3－5
　　　　　　　　電話 (03) 3239-0271・72 (直通)
　　　　　　　　振替口座　東京　00140-2-46008
　　　　　　　　http://www.asahipress.com/
　　　　　　　　　　　　　倉敷印刷

乱丁・落丁本はお取り替えいたします
ISBN978-4-255-45372-9 C1087